*à Monsieur le Secrétaire général de la Préfecture de la Seine
Vice Président de la Commission et Président de la Sous Commission
des travaux historiques,*

*Hommage d'un membre de la Commission et de la Sous Commission
et témoignage d'amitié de
l'Auteur*

MÉMOIRE

SUR

L'ŒUVRE HISTORIQUE

DE

LA VILLE DE PARIS.

M DCCC LXVII.

MÉMOIRE

SUR

L'ŒUVRE HISTORIQUE

DE

LA VILLE DE PARIS

MÉMOIRE

SUR

L'ŒUVRE HISTORIQUE

DE

LA VILLE DE PARIS

PAR LE Bon C. POISSON

CONSEILLER MUNICIPAL

MEMBRE DE LA COMMISSION ET DE LA SOUS-COMMISSION DES TRAVAUX HISTORIQUES

DE LA VILLE DE PARIS

BIBLIOTHÈQUE ROY... FONDS ... 13975

PARIS

IMPRIMERIE IMPÉRIALE

M DCCC LXVII

MÉMOIRE

SUR

L'ŒUVRE HISTORIQUE

DE

LA VILLE DE PARIS

L'ŒUVRE HISTORIQUE de la Ville de Paris se compose de deux parties également importantes :

1° L'*Histoire générale de Paris*;

2° Le *Musée* municipal.

La même idée a donné naissance à ces deux entreprises; toutes deux concourront également au but, qui est de mettre de plus en plus en lumière le passé de la grande Ville et de ses habitants; toutes deux ont donc la même raison d'être. Mais l'*Histoire générale de Paris*, bien qu'encore dans l'enfance au point de vue de l'exécution, a déjà un passé qui en assure la vitalité, tandis que le *Musée* municipal, qui en est l'indispensable complément, constitue un fait nouveau. De quelque manière que l'on compose ce musée, il présentera toujours un certain intérêt; mais il n'aura d'utilité réelle que si l'on ne s'écarte pas, en le formant, du point de vue spécial qui en a motivé la création.

I. HISTOIRE GÉNÉRALE DE PARIS.

Proposition
faite
au Conseil municipal
par M. le Sénateur
Préfet
de la Seine.
(28 novembre 1860.)

En novembre 1860, M. le Sénateur Préfet de la Seine, proposa au Conseil municipal « de recueillir et de coor- « donner tous les titres de l'histoire parisienne. » A l'appui de cette proposition, il représenta combien il serait digne de la Ville de reprendre, à cet égard, la tradition du passé, et il retraça les efforts faits par l'ancienne administration municipale pour encourager la publication des écrits relatifs à sa propre histoire.

Le chef de l'Édilité parisienne ne présentait donc pas un projet nouveau, et les membres du Conseil municipal, en approuvant chaleureusement ses paroles, ne firent qu'en-trer dans une voie déjà indiquée par l'ancien Échevinage parisien. Mais les tentatives des siècles précédents n'avaient jamais abouti à des résultats entièrement satisfaisants. Pro-clamer avec une telle publicité l'intention de les renouveler, alors qu'on avait connaissance des empêchements et des essais infructueux du passé, c'était dire qu'on était décidé à ne reculer devant aucune des difficultés de l'entreprise; c'était prendre l'engagement de réussir.

Difficultés d'exécution.

Cette volonté, si fermement exprimée, comptera parmi les titres d'honneur de l'Édilité actuelle.

Effectivement, le désir de fixer les bases de la véritable histoire de Paris s'est transmis, pour ainsi dire, de généra-tion en génération parmi les Prévôts et les Échevins de la Cité; cependant, par suite d'obstacles multipliés, leurs efforts ne nous ont légué que des documents très-précieux, sans contredit, mais incomplets et éparpillés.

Les principaux obstacles qui nuisirent à ces généreuses tentatives furent les guerres civiles, les discordes politiques, l'embarras des finances, l'impossibilité de tracer un cadre assez vaste pour contenir le tableau entier du passé de la grande Ville, et, enfin, l'importance considérable de l'œuvre à laquelle une vie d'homme ne pouvait suffire.

Une partie de ces difficultés a disparu. Les guerres civiles, heureusement, ne sont plus de notre époque; les dissentiments politiques n'ont plus à se manifester que par les voies pacifiques et légales, et les ressources financières de la Ville se sont accrues dans des proportions telles, qu'on n'eût osé l'espérer il y a peu d'années encore.

En revanche, l'*œuvre* à réaliser a pris des développements énormes, non-seulement en raison du temps écoulé, mais encore parce que les progrès de la science et de la critique modernes imposent aujourd'hui aux historiens des obligations autrefois inconnues.

Puisque le passé de Paris constituait un thème trop vaste, un tableau trop chargé, pour qu'on pût espérer d'en réunir les éléments dans une monographie, il fallait évidemment adopter le système de la division en plusieurs corps d'ouvrages, où seraient traitées à part chacune des branches séparées, telles que faits historiques, topographie, administration et institutions de la ville, cérémonies, mœurs et coutumes des habitants, etc. Il fut donc décidé que l'*Histoire générale de Paris* consisterait en une collection de documents et de monographies. Chacune des publications partielles étant élaborée spécialement et avec un soin particulier, l'ensemble constituerait un jour un splendide monument.

Ce principe de la division du travail pouvait seul permettre d'entreprendre une œuvre aussi complexe. En outre, il donnait la possibilité, ou plutôt il imposait le devoir de recourir aux érudits spéciaux pour chaque branche de ce faisceau historique, et il laissait toute latitude pour attendre les spécialités qui ne se seraient pas manifestées encore. Enfin, on pouvait, grâce à ce principe, approfondir, à un moment donné, chaque partie de ce vaste ensemble, dans lequel les Parisiens de tout état et de toute classe, administrateurs, jurisconsultes, commerçants, architectes, militaires, ouvriers, etc., trouveront facilement, un jour, ce qui peut les intéresser d'une manière spéciale dans l'histoire de leur ville.

Choix des auteurs.

Pour élaborer cette collection d'ouvrages, il fallait évidemment une légion de travailleurs émérites, d'hommes spéciaux, ainsi qu'on vient de le dire; mais il en résultait tout d'abord une grave difficulté à résoudre. Ces collaborateurs devaient-ils faire partie de la hiérarchie administrative, et pouvait-on créer à l'Hôtel de Ville des positions fixes pour un grand nombre d'historiens? C'eût été s'engager dans une voie aussi difficile à suivre qu'onéreuse au point de vue financier.

Tel auteur n'eût pas réussi, et, après un long temps, la Ville n'eût rien retiré des sacrifices qu'elle se serait imposés. Tel autre eût pu faire de sa position une sinécure. Quelle eût été, d'ailleurs, la manière d'apprécier les efforts de chacun, pour des travaux qui nécessitent des recherches de plusieurs années dans les archives et les bibliothèques? Plus tard, quelle aurait été, vis-à-vis de l'Administration municipale, la position d'un auteur ayant accompli sa tâche spéciale, après avoir consacré plusieurs années à un travail consciencieux? Eût-il fallu renoncer à l'employer, au moment où la publication d'une œuvre consacrée à l'honneur de la Ville aurait plutôt mérité une récompense? En outre, adopter ce mode unique pour le recrutement des collaborateurs du service historique, c'était se priver du concours de savants dont la position ou le caractère ne se prêtait pas à une assimilation

hiérarchique; c'était aussi écarter les érudits et les béné-
dictins modernes qui font partie du personnel des archives,
des bibliothèques, de certaines administrations, des colléges, etc.

Une question aussi importante, et toutes celles qui s'y
rattachaient, ne pouvaient être résolues que par des essais;
en effet, l'expérience seule permettrait d'étudier à fond
les difficultés déjà connues et ferait reconnaître celles qui
n'étaient encore que soupçonnées.

En conséquence, dès que la proposition de M. le Préfet de Travaux préparatoires.
la Seine eut été approuvée par le Conseil municipal (28 novembre 1860), on se mit courageusement à l'œuvre. La voie
dans laquelle on s'engageait fut inaugurée par l'entreprise
de deux ouvrages importants, l'un concernant la *Topographie*,
et l'autre l'*Administration parisienne*.

Il serait superflu d'énumérer les divers incidents qui se
produisirent durant cette période préparatoire; ainsi qu'on
l'avait prévu, on vit surgir successivement nombre d'obstacles
qui justifiaient la prudence avec laquelle on avait agi. Cette
marche patiente dura quatre années; elle fit connaître au
juste, comme on l'avait prévu, quels étaient les besoins et
les moyens de l'œuvre, quelles seraient les principales
difficultés d'exécution, non-seulement au point de vue de
l'Administration et des auteurs, mais encore à l'égard des
imprimeurs, dessinateurs, graveurs, et de tout le personnel
accessoire qu'exigeait une telle entreprise. En somme, ces
quatre années, bien qu'elles n'aient pas été perdues pour la
science, furent surtout employées à déterminer les bases
sur lesquelles on pourrait ensuite édifier à coup sûr.

Vers la fin de 1865, M. le Préfet de la Seine, suffisamment Présentation
à l'Empereur
du projet
de l'*Histoire générale*
de *Paris*.
éclairé pour être certain de la réussite, eut, à Compiègne,

l'honneur de présenter à l'Empereur un rapport sur le projet des travaux historiques de la Ville, et mit en même temps sous les yeux de Sa Majesté un important spécimen des résultats obtenus pendant la période préparatoire. Sa Majesté ayant bien voulu donner une approbation complète à ce projet, les bases de l'*Histoire générale de Paris* furent définitivement posées.

Moyens d'assurer
la
perpétuité de l'œuvre :
Commission,
Sous-Commission
permanente, et Service
des
Travaux historiques.

La condition la plus indispensable pour une entreprise pareille était d'en assurer la durée, en la rendant indépendante du changement des hommes ou des choses. En conséquence, la haute surveillance en fut confiée à une Commission, présidée par le Préfet de la Seine et composée de membres du Conseil municipal, auxquels voulurent bien se joindre quelques érudits spéciaux. Les éléments qui constituent cette Commission pourront se modifier, mais l'institution subsistera.

En même temps, une Sous-Commission fut créée pour répartir le travail, en faciliter la marche journalière, en surveiller les détails et en assurer les résultats. Représentation permanente de la Commission, elle est présidée par le Secrétaire général de la Préfecture et composée de membres pris indistinctement dans le Conseil municipal, l'Administration, le Service historique de la ville, et parmi les Corps savants. A raison de la multiplicité de ses obligations, la Sous-Commission tient des séances hebdomadaires à jour fixe, et elle se réunit, en outre, assez fréquemment pour exercer sur les travaux une action incessante.

Enfin, le Service des Travaux historiques, faisant partie du cadre administratif, fut réorganisé et composé d'après l'expérience acquise pendant la période préparatoire. Il a été restreint au personnel strictement nécessaire pour constituer le lien entre l'Administration et les collaborateurs de l'extérieur.

En effet, on a reconnu, en principe, que la meilleure manière d'agir avec fruit était de laisser aux collaborateurs toute latitude et toute indépendance en dehors de leurs travaux. Les auteurs des ouvrages en cours d'exécution n'ont avec la Ville, sauf les cas exceptionnels, que les rapports résultant de la tâche entreprise par chacun d'eux. Collaborateurs.

A ce dernier point de vue, un appel général a été fait à tous les érudits qui s'étaient déjà occupés ou qui s'occupaient de l'histoire de Paris, à quelque titre que ce fût. Un grand nombre y a déjà répondu. Effectivement, l'*œuvre* créée par la Ville constitue, pour quelques-uns d'entre eux, un moyen inespéré de publier leurs ouvrages dans des conditions hors ligne, et sans avoir à s'occuper des questions pécuniaires, si souvent pénibles pour les hommes d'étude. L'*Histoire générale de Paris* bénéficiera ainsi d'études commencées depuis longtemps dans un intérêt purement scientifique. A d'autres érudits, l'initiative de la Ville a révélé la possibilité de mettre au jour quelque heureuse conception, trop difficile à réaliser pour un auteur isolé. Nulle tâche n'est imposée ni demandée à personne; chaque auteur choisit la partie de l'*œuvre* à laquelle il se voue par aptitude spéciale; mais la Ville, tout en conservant son droit d'apprécier l'ouvrage une fois terminé, met à la disposition de chacun les moyens de travail dont il peut avoir besoin : copistes, paléographes, chercheurs-archivistes, traducteurs, et plus tard, lorsque l'œuvre est adoptée, toutes les ressources de la typographie et de la gravure.

La Ville de Paris, voulant éditer sa propre histoire, ne devait négliger aucun moyen d'en découvrir les particula- Service des fouilles.

rités ignorées et d'en éclaircir les points douteux. Un service de fouilles a donc été institué pour rechercher les renseignements enfouis dans les profondeurs du sol. Non-seulement les nombreuses excavations et les tranchées pratiquées par les services municipaux ou les particuliers, pour le remaniement de la capitale, sont explorées avec soin; mais des fouilles spéciales ont déjà produit des résultats qui ont dépassé toutes les espérances. C'est ainsi que de nombreuses substructions, relevées et cotées avec soin, avant que la pioche des terrassiers en eût fait disparaître les derniers vestiges, ont fourni d'importants renseignements sur certaines régions de la Lutèce gallo-romaine. C'est ainsi que les fondations et la disposition de la deuxième porte Saint-Honoré ont été mises à jour, et que la partie de l'enceinte et du fossé où fut blessée Jeanne d'Arc a été exactement déterminée.

Le plus grand service en ce genre, rendu jusqu'ici à l'histoire parisienne, résulte de l'initiative prise par M. le Sénateur Préfet lorsqu'il obtint de S. Exc. M. le maréchal Vaillant l'autorisation de faire pratiquer des fouilles dans la cour du Louvre. Il s'agissait de déterminer l'emplacement précis du vieux château de Philippe-Auguste et de Charles V. Tous les anciens plans étant contradictoires ou incomplets, une divergence des plus regrettables existait, à cet égard, entre les topographes. Le seul moyen de résoudre la question était de rechercher la vérité dans le sol même; encore prétendait-on que, ce terrain ayant été si souvent remué, nul vestige ne restait pour fixer les indécisions. Mais la terre est un livre pour ceux qui savent y lire; à défaut de pierres et de fondations, les différences d'aspect dans les tranchées montrent aux yeux les anciens emplacements. Cependant on n'eut pas besoin de cette étude minutieuse. A moins d'un mètre de profondeur, la pioche des terrassiers rencontra les vieilles fortifications. Ce travail, poursuivi avec ardeur, donna chaque jour de nouveaux résultats, et, dans l'espace de deux mois, les tours, les courtines, les fossés et toutes les dispositions du vieux château apparurent aux regards des archéologues étonnés et ravis. Les soins, la peine, les dépenses de dépavage et de repavage de la cour du Louvre peuvent-ils être comptés pour quelque chose en présence d'un tel résultat?

Malheureusement, les éléments de l'histoire parisienne ne sont pas tous dans le sol de la capitale, dans ses bibliothèques et ses archives. Par suite de nombreuses vicissitudes, des documents extrêmement intéressants se sont trouvés transportés en province. Aussi le Service historique a-t-il été successivement conduit à correspondre avec les bibliothécaires, les archivistes, les conservateurs des musées et les membres de sociétés savantes de diverses localités françaises; Auxerre, Chartres, Grenoble, Lyon, Rouen et d'autres villes, ont déjà fourni de précieux contingents, inconnus ou vainement cherchés à Paris.

Partout où le Service s'est adressé, il n'a eu qu'à se féliciter de l'obligeance des érudits dont il réclamait le concours. Pour certains cas importants où l'autorité supérieure seule pouvait décider, M. le Sénateur Préfet n'a pas hésité à recourir à l'obligeance empressée de S. Exc. le Ministre de l'instruction publique, qui a plusieurs fois manifesté ses hautes sympathies pour l'œuvre historique de la Ville.

Il en a été de même auprès de S. Exc. le Ministre des affaires étrangères; car beaucoup de villes d'Europe possèdent aussi, sur l'histoire parisienne, des documents qu'il importe de recueillir, et des manuscrits uniques qui doivent être consultés. Des renseignements importants, curieux ou intéressants, ont déjà été transmis d'Amsterdam, Berlin, Breslau, Bruxelles, la Haye, Londres, Madrid et Nuremberg. On est même entré en relations avec Saint-Pétersbourg.

Publication.

Dans le milieu de l'année 1866, deux volumes ont été publiés; l'un est l'*Introduction*, destinée à faire connaître le plan général de la collection; l'autre est le premier volume de la *Topographie historique du Vieux Paris*, élaboré par M. Berty pendant la période d'essais préparatoires.

Actuellement (avril 1867), trois ouvrages sont en cours d'impression, savoir:

Documents et Écrits originaux des XIVe, XVe et XVIe siècles. (M. Le Roux de Lincy). — Cette publication formera un *Corpus* complet des historiens originaux de Paris.

Anciennes bibliothèques des Églises, Abbayes, Colléges, etc. (M. Alfred Franklin, de la bibliothèque Mazarine). — Ce sont les origines des bibliothèques actuelles de Paris.

Le Cabinet des manuscrits de la Bibliothèque impériale (M. Léopold Delisle, de l'Institut). — C'est toute l'histoire de la calligraphie, de la miniature et de la reliure parisiennes.

Quinze autres ouvrages sont en cours d'exécution et à divers degrés d'avancement.

Les deux volumes déjà parus prouvent suffisamment que la Ville entend n'épargner ni soins, ni dépenses, pour éditer ses publications dans des conditions véritablement exceptionnelles. Les presses de l'Imprimerie impériale ont été mises à sa disposition par S. Exc. le garde des sceaux, et, pour les gravures ou les illustrations de toutes sortes, elle ne fait appel qu'aux artistes les plus habiles.

On pourrait croire que les vérités mises en lumière par ces publications de l'ordre le plus élevé ne dépasseront pas le cercle des érudits qu'elles intéressent, et qu'à raison de leur prix, de leurs dimensions et de leur spécialité, ces austères ouvrages seront sans utilité pour le plus grand nombre. Ce serait une grave erreur. En effet, le volume de topographie déjà paru a été mis à profit par divers écrivains, qui, laissant de côté les parties abstraites, y ont puisé en abondance des faits et des preuves; des *images* reproduisant plusieurs de ses gravures, ont paru dans des publications illustrées à bon marché; il n'est pas jusqu'aux périodiques populaires qui, glanant quelques épis au milieu de cette riche moisson, n'aillent porter des connaissances nouvelles dans l'atelier et la mansarde.

Il en sera évidemment de même après chaque publication.

La première partie de l'*œuvre historique* entreprise par la Ville de Paris se résume donc ainsi :

Dans une séance, que ses résultats rendront mémorable, le chef de l'Édilité parisienne et le Conseil municipal ont décidé que la Ville de Paris éditerait ses propres annales (1860);

Quatre années de travaux d'essais ont été employées à préparer l'avenir de ce projet grandiose, dont les bases ont été posées à la fin de l'année 1865;

Deux volumes ont paru en 1866, trois autres ouvrages sont en cours d'impression, et toutes les mesures sont prises pour que chaque année apporte successivement son contingent à l'Histoire générale de Paris.

II. MUSÉE MUNICIPAL.

La Ville de Paris possède une grande quantité de tableaux, de médailles, d'esquisses et d'objets d'art de diverses sortes, qui proviennent de commandes, d'achats ou d'offres gracieuses. Le nombre de ces dernières aurait même été, par le passé, beaucoup plus considérable encore, si le manque d'espace, ou plutôt l'absence d'un lieu de dépôt convenable, n'avait arrêté ou fait décliner par l'Administration les dons qu'on lui destinait. Dans ces dernières années, l'acquisition de plusieurs collections remarquables, les trouvailles effectuées dans les fouilles, et des réserves faites par la Ville dans ses grands travaux de démolition, ont accru peu à peu le nombre des documents matériels intéressant l'histoire de la capitale.

Aucun local spécial n'ayant été affecté à ces éléments de collection, des tableaux de grande dimension gisaient forcément roulés dans les greniers de l'Hôtel de Ville; les toiles plus modestes, les esquisses et les médailles, encombraient le bureau des Beaux-arts; les manuscrits et les gravures historiques occupaient, dans la Bibliothèque, une place due aux livres d'étude ou d'administration; les provenances des fouilles étaient, suivant leurs dimensions et leur nature, renfermées dans les armoires du Bureau historique, ou descendues dans les caves de l'Annexe; enfin, les fragments d'architecture et les débris encombrants étaient portés dans un des vastes magasins du boulevard Morland.

L'Administration se préoccupait de la dissémination de tous ces objets intéressants ou curieux à divers titres, éparpillés sans profit pour la science, cachés pour la plupart et dont quelques-uns couraient le risque d'être détériorés, égarés ou perdus, lorsque la création de l'*Histoire générale de Paris* vint donner à cette question des proportions bien autrement considérables.

M. le Préfet de la Seine émit l'opinion que des publications imprimées et des illustrations pouvaient, dans la plupart des cas, suffire à faire connaître les annales d'une cité; mais que, pour la Ville de Paris, évoquant elle-même son histoire, il y avait à faire plus encore. Il pensa qu'indépendamment des documents écrits, on devait réunir les documents matériels et tangibles, afin de constituer ainsi une *histoire démonstrative*, destinée à compléter la première, et dont les objets déjà possédés par la Ville n'étaient que les premiers rudiments. Sans parler de l'intérêt de curiosité, l'accomplissement de ce projet présentait une double utilité : multiplier les sources ainsi que les moyens d'étude pour les lecteurs des publications imprimées, et créer un mode d'instruction facile à la portée de ceux qui ne lisent pas.

Pour y parvenir, il ne fallait plus, comme par le passé, se contenter d'attendre des circonstances éventuelles la multiplication des documents matériels de l'histoire de Paris; on devait la provoquer par des recherches continues et d'après une méthode raisonnée. Dans ce nouvel ordre d'idées, les divers objets historiques appartenant à la Ville ne constituaient plus que des indications pour les diverses séries dont la réunion formera, plus tard, le *Musée* municipal. Ainsi, les quelques portraits de Prévôts et d'Échevins, actuellement à l'Hôtel de Ville, impliquaient la nécessité de compléter autant que possible la collection iconographique des Édiles parisiens. De même, les spécimens des médailles frappées pour perpétuer le souvenir de certaines grandes créations, imposait l'obligation de parfaire la numismatique municipale. Il en était de même des tableaux représentant les édifices ou les localités disparues, des plans qui devaient former la collection topographique, des chartes, des pièces originales, et de tous les éléments disséminés dans les dépendances municipales.

Tel fut le principe de la création du futur *Musée* parisien. Les détails de l'exécution furent confiés au Service historique de la Ville, sous la direction de la Sous-Commission qui préside à ses travaux.

Achat de l'hôtel Carnavalet.

Pour abriter la collection de ces témoins des siècles passés, il fallait un édifice qui fût déjà par lui-même une page de l'histoire parisienne. En conséquence, M. le Préfet de la Seine prescrivit à la Sous-Commission des travaux historiques de rechercher, parmi les hôtels que recommandaient les souvenirs d'autrefois, celui qui paraîtrait le plus propre à recevoir le *Musée* municipal.

Cette visite de divers hôtels, effectuée avec un zèle scrupuleux, donna lieu de constater trop souvent les mutilations et les dégradations que ces anciens monuments subissent par l'action combinée des hommes et du temps. Elle révéla aussi les difficultés du but qu'on voulait atteindre. De ces hôtels fameux dans l'histoire parisienne, l'un n'existait plus guère que de nom; l'autre appartenait à des propriétaires qui ne voulaient pas s'en dessaisir; un troisième logeait une de ces immenses industries dont le déplacement coûte des millions; un quatrième était occupé par plusieurs commerces importants qu'il eût fallu indemniser; un cinquième venait de recevoir une destination municipale; d'autres étaient trop petits, sans abords, privés de jour et d'air, éloignés de l'Hôtel de Ville, etc.

L'hôtel Carnavalet parut, à l'unanimité, le plus convenable. Bâti par Pierre Lescot et Jean Bulland, illustré par

Jean Goujon, restauré par François Mansard, immortalisé par Mme de Sévigné, cet édifice, à la fois historique et populaire, remplissait autant que possible les conditions les plus indispensables. Aussi, le Conseil municipal, s'associant aux grandes idées qui lui étaient soumises par le chef de l'Édilité parisienne, ne recula-t-il devant aucun sacrifice pour en faire l'acquisition. L'hôtel fut livré à la Ville dans le mois de novembre 1866. Les projets de restauration sont actuellement en cours d'étude; le service d'Architecture et celui des Travaux historiques concourent activement, chacun en ce qui le concerne, à l'appropriation de ce monument, auquel il s'agit de rendre son ancienne splendeur, tout en le dotant des dispositions conformes à sa nouvelle destination.

Cette importante acquisition et le but pour lequel elle était effectuée produisirent une vive sensation dans le public éclairé. Les archéologues, les antiquaires et les gens de lettres, se réjouirent de ce que l'ancienne demeure de Mme de Sévigné était sauvée à jamais des combinaisons de la spéculation et du marteau des démolisseurs; les articles des feuilles périodiques, des félicitations officielles ou particulières, la visite d'une compagnie savante (la Société impériale des Antiquaires de France) à l'hôtel nouvellement acquis par la Ville, témoignèrent de l'approbation chaleureuse de la très-grande majorité des amis de la science historique.

Approbation des amis
de
la science historique.

Cependant cet assentiment ne fut pas unanime; quelques érudits, bien intentionnés d'ailleurs, mais mal informés en cette occasion, attribuèrent au projet de *Musée* municipal, une idée autre que celle qui y préside. Ils croyaient y voir une pensée de rivalité avec d'autres collections artistiques ou historiques déjà formées; ils contestaient l'utilité d'un nouveau musée quand il en existe déjà un si grand nombre à Paris; ils craignaient qu'au lieu de concourir au progrès

Objections.
Réfutation.

3.

des arts ou des sciences, en multipliant ces utiles exhibitions, on affaiblît leur importance en divisant ainsi leurs moyens d'action et en suscitant une concurrence nuisible à leur accroissement.

Cette objection, la seule qui ait paru sérieuse, n'aurait même pas été formulée, si le but réel de la nouvelle collection eût été mieux connu des critiques. Effectivement, la sagesse la plus vulgaire interdit de créer soit des musées similaires, soit des expositions rivales de celles qui existent déjà. A défaut de prudence, l'amour-propre suffirait pour l'empêcher; car toute œuvre nouvelle en ce genre serait vouée d'avance, et pour toujours peut-être, à une infériorité manifeste vis-à-vis des collections fondées depuis longtemps.

La condition indispensable pour réussir aujourd'hui dans une pareille tentative est que la nouvelle entreprise réponde à une idée non encore réalisée. Or il suffit de jeter les yeux sur la liste des musées de la capitale pour voir qu'une collection destinée uniquement à rappeler l'histoire de la cité parisienne ne peut porter ombrage à aucun de ces établissements (1).

(1) ÉNUMÉRATION DES PRINCIPAUX MUSÉES DE PARIS.

Musée égyptien.

Musée assyrien et phénicien.

Musée des antiques et des sculptures du moyen âge,
    de la renaissance et modernes.

Musée des peintures, des dessins et de la chalcographie.

Musée des souverains et des objets d'art du moyen âge
    et de la renaissance.

Au Louvre.

Musée de la marine et ethnographique.

Musée du Luxembourg.

Musée de l'école des beaux-arts (plâtres, copies de tableaux, modèles, collection
    sigillographique).

Cabinet des antiques : estampes, manuscrits, cartes et plans (Bibliothèque impériale).

Musée des Thermes et de l'hôtel de Cluny.

Musée d'artillerie (Dépôt central de l'artillerie).

Composition
du Musée municipal.
Divisions principales.

Le *Musée* municipal a donc une raison d'être qui détermine à la fois l'extension qu'il doit recevoir et les bornes qu'il ne doit pas franchir. Mais, en le maintenant dans les limites qui lui sont propres, on ne saurait donner trop de développement à toutes les branches de sa spécialité.

Quatre âges différents constituent pour le *Musée* parisien quatre grandes divisions :

I. *Âges anté-historiques.*

II. *Période gallo-romaine.*

III. *Moyen âge,* du ve au xve siècle; *Renaissance,* xve et xvie siècles, et *siècles suivants* jusqu'à la *Révolution.*

IV. *Époque contemporaine.*

Les deux premières divisions ne peuvent, malheureusement, donner lieu qu'à des exhibitions restreintes; la troisième constituera, à elle seule, presque tout le *Musée;* la quatrième est susceptible de recevoir les développements qu'on jugerait utile de lui donner en vue de la postérité.

Collections de l'État-major, du Dépôt des fortifications et du Dépôt de la guerre.
Musée des places fortes (Invalides).
Musée monétaire (hôtel des monnaies).
Musée sigillographique et paléographique (en préparation aux Archives
Collection pélasgique (Bibliothèque Mazarine).
Collection du Conservatoire des arts et métiers.
Musée des arts industriels (place Royale).
Galeries du muséum d'histoire naturelle (Jardin des Plantes .
Musée Dupuytren.
Musée anatomique, à l'École de médecine.
Musée des Gobelins.
Musée Clapisson (Conservatoire de musique,.
Musée typographique (Imprimerie impériale).
Collections minéralogiques de l'École des mines.
Collections de l'École des ponts et chaussées.
   Il convient d'y joindre :
Musée céramique, à Sèvres.
Musée historique de Versailles.
Musée de Saint-Germain (époques anté-historiques et gallo-romaine,.

I. Âges
anté-historiques.

Il est superflu de faire observer que, pour les *Âges anté-historiques*, les spécimens intéressants ne se rapportent pas uniquement à la circonscription de Paris, mais aussi à une certaine région du bassin de la Seine environnant.

Les travaux du Service hydrométrique mettent souvent à jour des parties de squelettes et des débris d'animaux gigantesques, dont les espèces ont disparu. Ces témoignages de l'antique occupation de notre sol par des êtres monstrueux ne doivent-ils pas trouver place dans le *Musée* municipal? A côté figureront les restes d'autres animaux de la même époque, mais dont les races se sont perpétuées jusqu'à nous.

La nature des terrains et la profondeur des couches dans lesquelles on a retrouvé ces nombreux et curieux fragments, la position qu'ils y occupaient, leur multiplicité en certains endroits, ont été, pour le chef du Service hydrométrique de la Ville (M. l'inspecteur général Belgrand), une partie des indices qui lui ont permis d'expliquer, par une savante analyse, divers cataclysmes dont le sol parisien a subi les effets. Ces travaux, poursuivis depuis plusieurs années, fourniront à l'*Histoire générale de Paris* un volume des plus remarquables; quelques plans en seront détachés et convenablement agrandis pour figurer sur les murailles du musée, à l'usage de ceux qui ne liraient pas le livre. Ils y verront, entre autres, le cours capricieux que suivait la Seine il y a plusieurs milliers d'années, lorsque, large comme une mer et couvrant l'espace occupé par plusieurs départements, elle se précipitait vers l'Océan avec la rapidité des cataractes.

Ainsi se manifeste, dès le premier pas fait dans le *Musée* municipal, l'alliance intime de *l'histoire écrite* et de *l'histoire démonstrative*, créées simultanément par M. le Sénateur

Préfet. Il suffit de faire observer, une fois pour toutes, qu'il en sera toujours de même.

Les bassins de la Seine et de la Bièvre fournissent aussi de nombreux échantillons de l'industrie de l'homme, à l'époque primitive où, faute d'autres ressources, il façonnait le silex ou les pierres dures en armes et en outils. Les couteaux, ciseaux, haches et scies de pierre constitueront une série que la parité des éléments rendra, il est vrai, semblable à beaucoup d'autres du même genre, mais dont l'intérêt sera relevé par quelques pièces uniques qui viennent d'être jugées dignes de figurer à l'Exposition universelle, dans la galerie dite de l'*Histoire du Travail*. Entre autres spécimens de cette époque, on verra des crânes humains, singuliers par leur petitesse et la forme des dents, ainsi que des débris de squelette retrouvés, avec leurs couteaux de pierre et leur poterie primitive, dans les sables qui leur servaient de sépulture depuis plusieurs milliers d'années. Cette partie des collections municipales, qui est destinée à s'accroître, aura au moins le mérite de constater la présence de l'homme dans le bassin parisien aux époques les plus reculées.

Les spécimens de l'âge du bronze suivront naturellement ceux de l'âge de la pierre, et, parmi eux, seront placées les représentations de quelques dolmens des environs de Paris.

La *Période gallo-romaine* sera rappelée par une exhibition plus variée et plus étendue. Les fouilles de toute nature, effectuées dans ces derniers temps, ont enrichi la Ville de nombreux témoins de cette époque. Ce sont des parties, plus ou moins importantes, de statues, des bas-reliefs, de magnifiques fragments d'architecture, des poteries, des briques, des pavages et des conduites d'eau; des hypocaustes, des

II° Période gallo-romaine.

tombes, des cippes, des inscriptions; enfin une foule de menus objets : fibules ou agrafes, poinçons, bracelets, colliers, etc.

On ne s'est pas contenté de recueillir et d'emmagasiner ces vestiges de la période gallo-romaine, à mesure qu'ils se présentaient sous la pioche des terrassiers. Toutes les fondations et les substructions romaines, rencontrées en grand nombre, ont été soigneusement étudiées; on a relevé exactement leur position et leurs dimensions. Aussi ces exhumations minutieuses ont-elles fourni, parfois, des données surprenantes, et rendu possibles des restitutions du plus haut intérêt, qui, on l'espère, ne seront pas les dernières. Entre autres conquêtes faites sur l'antiquité, on verra, non sans étonnement, dans la salle gallo-romaine de Carnavalet, le plan de la citadelle romaine qui occupait une partie de la rue Soufflot, et celui d'un théâtre romain qui s'élevait sur l'emplacement actuel du lycée Saint-Louis.

III° Moyen Age, Renaissance, et siècles suivants jusqu'à la Révolution.

L'histoire spéciale de Paris est inconnue pour les premiers temps du *Moyen âge*, et obscure pendant ceux qui suivent. Elle commence à s'éclairer au xiv° et au xv° siècle; puis, à dater du xvi°, son importance progresse rapidement jusqu'à l'époque de la Révolution. La première moitié de cet espace de treize siècles ne fournira au *Musée* municipal que des chartes et quelques documents du même genre. Au contraire, les éléments de la seconde constitueront la grande majorité des Collections historiques de la Ville. On peut, pour fixer les idées, répartir ces collections en deux catégories principales : l'une se rapportant surtout au sol et aux monuments; l'autre aux populations.

La première concerne la *Topographie*, la *Voirie* et l'*Architecture*; la seconde comprend le *Corps municipal*, les *Corpo-*

rations et les *Habitants,* considérés dans leur vie publique ou privée.

Chacune de ces subdivisions donne lieu à quelques développements.

Une des premières obligations à remplir est évidemment Topographie. Plans. de présenter aux yeux les accroissements de la circonscription de la Ville à ses différents âges. A côté des plans, malheureusement fautifs, que nous ont légués ses anciens *géographes,* figureront les rectifications qui résultent des travaux de la critique moderne. Indépendamment de ces documents généraux, la réunion d'une foule de plans partiels, dressés à des époques différentes et sous divers points de vue, fera ressortir certaines transformations intéressantes, de curieuses particularités ou des faits historiques remarquables.

Ces éléments, disséminés actuellement dans la Bibliothèque de la Ville, au bureau des Plans et à celui des Travaux historiques, seront, suivant leur importance, fixés sur les murs, placés dans des cadres ou réunis dans des cartons, et il en résultera ce qu'on chercherait vainement aujourd'hui, ailleurs qu'à la Bibliothèque impériale, un ensemble complet de la *Topographie parisienne.*

A la suite des plans topographiques figureront des des- Vues générales. / Vues de détail / des rues, places, ponts / et quais. sins, gravures et tableaux, représentant divers aspects de Paris à différentes époques, soit comme ensemble, soit comme dispositions de détail. Bien que possédant déjà un grand nombre de vues des rues, places, ponts et quais de l'ancien Paris, l'Édilité actuelle en acquiert chaque jour de nouvelles. En agissant ainsi, elle rend hommage aux travaux de ses prédécesseurs; elle paye au passé la dette qu'elle a noblement contractée, en transfigurant la Ville; enfin elle recompose sa propre histoire en montrant, sous la forme la plus frappante et la plus facile à saisir, ce qui existait à la place des boulevards, des promenades et des squares, dont elle a doté la population parisienne.

Cette série sera très-nombreuse. Malheureusement, les peintres des siècles derniers qui auront, sans le prévoir, concouru à la former, n'ayant pas tous été des artistes de premier ordre, il se trouve, parmi leurs œuvres, des toiles qu'on n'admettrait certainement pas dans les collections artistiques du Louvre. Mais un tableau médiocre, au point de vue de l'art, mérite parfois d'être classé au premier rang, comme document historique, et cette dernière considération doit l'emporter quand il s'agit d'une collection dont le but est l'histoire de Paris.

Architecture.

Ces vues des localités parisiennes empiètent forcément un peu sur le domaine de l'*Architecture*, au moins en ce qui concerne l'aspect général des édifices et leur agencement relatif; mais, s'il a été jugé intéressant de réunir tous les plans de Paris dans la *Galerie topographique*, il n'est pas moins important de rassembler dans une salle spéciale les représentations individuelles des monuments de tous genres, les *Modèles* en relief et tout ce qui peut concerner l'histoire de l'*Architecture parisienne*, qu'il s'agisse des édifices publics ou des habitations particulières.

Corps municipal. Chartes, manuscrits, sceaux, numismatique.

Les annales des générations qui ont successivement passé dans ces monuments se groupent naturellement autour de l'histoire du *Corps municipal*. Il ne peut malheureusement être question de remonter au temps où la confrérie des marchands de l'eau, chez les *Parisii,* vouait à Jupiter l'autel retrouvé, en 1711, dans le chœur de Notre-Dame, et que possède aujourd'hui le musée de Cluny. Les spécimens mis par le *Musée* à l'appui de l'histoire de la Hanse parisienne, ne dateront peut-être que de l'époque où Philippe-Auguste confirma son ancienne juridiction. Mais ensuite l'histoire de ces magistrats constitue, en grande partie, celle de la Cité. Administrateurs de ses intérêts, promoteurs des améliorations dont elle profite, chefs pacifiques ou belliqueux de la Bourgeoisie parisienne, défenseurs de ses droits, mêlés à toutes les querelles politiques et religieuses, aucun de leurs actes n'est indifférent; il convient donc de rechercher et de réunir tous les documents susceptibles d'élucider leur passé.

Ce sont les *Chartes, Ordonannces, Règlements* et autres pièces originales qui témoignent principalement de l'action continue par laquelle les Prévôts des marchands et les Échevins ont successivement fondé, agrandi et consolidé l'institution municipale. A cet égard, la *Numismatique* fournit des ressources que les parchemins ne nous eussent pas conservées. La Ville a déjà de riches collections de *Médailles*; mais c'est encore peu de chose en comparaison de ce qu'elle pourra recueillir par la suite.

Une salle particulière doit être réservée à l'histoire des *Corporations* et des *Métiers*, qui tient une si large place dans les annales parisiennes. Orfévres, Changeurs, Drapiers, Merciers, Bonnetiers, Pelletiers, Épiciers et Marchands de vin, chacun de ces grands corps eut ses lois, ses statuts, son lieu de réunion, ses bannières, ses médailles et ses jetons. Dans cette même galerie figureront ces pièces, dites *Chefs-d'œuvre*, dont l'exécution constituait une des principales obligations de l'ouvrier compagnon aspirant à la maîtrise. La Ville possède déjà quelques-uns de ces remarquables ouvrages; leur réunion formera, en s'agrandissant, une série des plus intéressantes au point de vue des progrès de l'industrie.

4.

Habitants.
Vie publique: Fêtes,
cérémonies, funérailles.
Vie privée:
Mœurs et coutumes,
costumes, ameublement
et ustensillage.

Puis viendront les représentations de la *vie publique* et de la *vie privée* des générations qui nous ont précédés. Des tableaux, des gravures, des tapisseries, montreront leurs fêtes, leurs cérémonies et leurs funérailles ; cette exhibition des *Mœurs* et des *Coutumes* parisiennes constituera aussi une notable partie de l'histoire des *Costumes* qu'il convient d'étendre autant que possible, pour rendre au passé toute son animation.

Des vues de l'intérieur des habitations, des spécimens de l'*Ameublement* et de l'*Ustensillage* domestiques, révéleront une foule de détails intimes, chers aux historiens ainsi qu'aux artistes, et utiles à tous par les idées précises qu'ils donnent sur l'existence d'autrefois. A cet égard, nul détail, quelque vulgaire qu'il puisse paraître isolément, ne doit être négligé. Lorsque l'emploi du moule et de l'emporte-pièce n'avait pas encore établi une sorte d'uniformité, avantageuse au plus grand nombre par son bon marché, l'objet le plus insignifiant aujourd'hui avait son importance spéciale, et il est rare que les spécimens qui nous sont restés ne comportent pas quelques détails ingénieux ou ingénus qui sont autant d'indices pour l'observateur. Il en sera de même, à bien plus forte raison, si l'on dispose ces meubles et ces ustensiles de la vie usuelle suivant des séries chronologiques, faisant ressortir leurs différences et leurs progrès à diverses époques. Les recherches et essais en ce genre, déjà faits par le service historique sur une échelle restreinte, sont une garantie de succès pour l'avenir.

Iconographie
des
Prévôts des marchands,
Échevins
et parisiens célèbres.

L'histoire collective doit être suivie de l'étude des individualités, et l'*Iconographie* en constitue une branche principale. Le Corps municipal doit évidemment y occuper le premier rang. Sans doute, la galerie des portraits des *Pré-*

vôts des Marchands et des *Echevins* présentera de trop nombreuses lacunes; ce n'est qu'une raison de plus pour recueillir toutes les épaves susceptibles d'être jointes aux documents dont la Ville est en possession.

En outre, Paris a été la patrie d'une foule de célébrités
en tout genre, et cependant, moins bien dotée à cet égard
qu'un grand nombre de villes de province, la capitale ne
possède aucune collection iconographique spéciale des plus
illustres de ses enfants. La création du *Musée* municipal
comblera enfin cette regrettable lacune.

Là encore, ainsi qu'on l'a dit à propos des vues topographiques, le sentiment historique doit l'emporter sur la considération d'art, puisqu'il s'agit uniquement de réunir des
documents biographiques. Il est même possible que, dans le
nombre, quelques toiles des plus intéressantes soient dans
un état d'infériorité ou de dégradation qui s'oppose à leur
exhibition publique ; pour ce cas, le *Musée* municipal
pourra bien avoir, comme tous les autres, un *enfer,* caché
aux yeux de la foule et s'ouvrant seulement pour les adeptes.

Enfin, il est des illustrations sanglantes ou terribles qui
sont généralement bannies des collections publiques. Mais
un musée formé au point de vue historique ne reconnaît
aucune cause d'exclusion : bien qu'à titre tout différent,
l'instrument de torture y trouve place comme le reliquaire;
le crime que la postérité flétrit, comme la vertu qu'elle
glorifie.

La galerie consacrée à l'*Époque contemporaine* recevra la
riche collection des esquisses des tableaux commandés pour
la décoration des églises et autres édifices municipaux,
les médailles que la Ville fait graver pour perpétuer de
grands souvenirs, les statues, les modèles, les projets et

IV Époque
contemporaine.

tous les objets d'art qui, faute d'un local spécial, sont aujourd'hui disséminés.

Ces dispositions générales, dont la mise à exécution va commencer, sont commandées par la nature même du but que l'on poursuit, et les circonstances éventuelles ne pourront y apporter que des modifications de détail. Pour leur établissement et leur développement, le Musée municipal, ainsi que l'Histoire générale de Paris, — parties intégrantes de la même œuvre, — exigeront du travail, de l'argent et du temps. Il est permis d'espérer qu'aucune de ces conditions ne fera défaut à deux entreprises résolues par le Conseil municipal de Paris, sur l'initiative de M. le Préfet de la Seine. De ces deux créations, étroitement unies et destinées à suivre une marche parallèle, en se prêtant un mutuel concours, l'une compte quinze mois d'existence, la seconde est encore à sa naissance. Mais, dans un avenir prochain, les bases de toutes deux seront suffisamment étendues et affermies pour permettre au public éclairé d'apprécier la grandeur de l'Œuvre historique de la Ville de Paris.

Avril 1867.

www.ingramcontent.com/pod-product-compliance
Lightning Source LLC
LaVergne TN
LVHW012105170726
843501LV00008BC/2764